LE

PARTI RÉPUBLICAIN

JUGÉ PAR SES ACTES

PARIS

FÉCHOZ, LIBRAIRE-ÉDITEUR

Rue des Saints-Pères, 5

—

1875

PARTI RÉPUBLICAIN

JUGÉ PAR SES ACTES

L'enquête parlementaire ordonnée par l'Assemblée sur les actes du Gouvernement de la Défense Nationale a été récemment publiée. Nous allons en placer quelques extraits sous les yeux du lecteur.

Ni l'Assemblée en décidant cette enquête, ni la Commission en élaborant et en éditant ce volumineux travail, n'ont eu l'intention de faire une œuvre de parti. Le but a été d'opérer le partage des responsabilités entre tous ceux qui ont joué un rôle dans les néfastes événements de 1870-71. Des recherches analogues avaient eu lieu pour les actes du Gouvernement Impérial; l'équité exigeait que le 4 Septembre eût son tour.

Les pièces qui, sans intérêt suffisant pour l'histoire, n'auraient servi qu'à jeter l'ódieux ou le ridicule sur certains personnages, ont été écartées du dossier. Ce caractère incontestable d'impartialité double l'autorité des révélations qui nous sont faites. Ceux qui ont à souffrir de la pleine lumière répandue sur leurs agissements, ne peuvent s'en prendre qu'à eux-mêmes.

Nous nous proposons d'apporter dans notre exposé le même esprit d'impartialité.

Ce n'est pas un pamphlet que nous écrivons. Ce n'est pas non plus à un simple sentiment de curiosité rétrospective que nous obéissons. En faisant connaître le passé récent du parti républicain, nous voulons mettre le lecteur à même de prévoir quelle conduite tiendrait ce parti, s'il devait jamais, pour le malheur de la France, reprendre la direction des affaires. Son personnel et ses doctrines sont les mêmes qu'en 1870. Examinons ce qu'il fit à cette époque ; nous saurons par là ce qu'il serait susceptible de faire dans l'avenir.

I

Comment les républicains entendent et pratiquent la liberté.

Les républicains ont toujours pris grand soin de se poser en apôtres et en défenseurs de la liberté. Ils l'aiment, paraît-il, d'un amour si passionné, qu'ils en sont extraordinairement jaloux et n'en veulent que pour eux seuls. Qu'on en juge.

La liberté politique consiste, tout d'abord, dans le droit pour la nation de nommer des représentants qui votent l'impôt, discutent les lois, contrôlent et inspirent la marche du pouvoir exécutif. On sait les cris que poussent les républicains quand un gouvernement, autre que le leur, viole ce grand principe, ne fût-ce que pour un temps très-court ! Mais, eux-mêmes, qu'ont-ils fait ? Dès le 4 septembre, *dès ce jour de fête*, pour parler le langage plus républicain que français de M. J. Favre, nous les voyons dissoudre Corps Législatif et Sénat. Le malheur n'était pas grand, dira-t-on, soit ; mais voici qui devient pire. Tandis que l'ennemi envahit le territoire, les républicains envahissent les places. C'est une vraie curée. Les gros bonnets se ruent sur les ministères, les autres sur les préfectures et sous-préfectures ; le fretin accapare les mairies, les perceptions ; il y en a qui, faute de mieux, deviennent gardes champêtres. Chacun cherche à se tailler dans la grande infortune publique une petite fortune privée. On contracte des emprunts ; et quels emprunts ! On achète des fusils ; et quels fusils ! On fait des levées de mobiles et de mobilisés. On dépense les millions de la France ; on envoie à la mort les soldats de la France ; et l'on ne permet pas à la France d'élever la voix, d'exprimer son sentiment, d'élire des représentants !

Voilà comment les avocats qui, dans l'opposition, parlaient si haut et si bien du suffrage universel, l'ont traité dans la pratique. Deux fois les élections furent résolues par le gouvernement de Paris ; deux fois elles furent indéfiniment ajournées par la délégation de Tours. Et dans quel but? Les élections n'étaient pas seulement nécessaires au point de vue du principe de la liberté ; elles étaient commandées, en outre, par les plus hautes considérations patriotiques. M. Laurier écrivait en effet : « De toutes parts on nous demande des « élections. AU POINT DE VUE DE LA DÉFENSE, « ELLES NOUS SERVIRONT EFFICACEMENT..... LES « ÉLECTIONS SEULES NOUS DONNERONT CE QU'IL « FAUT DE FORCE POUR MARCHER UTILEMENT AU « SECOURS DE PARIS. »

Pourquoi donc, encore une fois, refusait-on d'y procéder? M. Crémieux va nous l'apprendre. « Les élections, écrivait-il, sont périlleuses et « *destructives de notre nouvelle situation...* Puisque nous ne sommes pas prêts, pourquoi livrer « cette terrible bataille à l'intérieur?... »

Cela signifiait que l'on fermerait la bouche au suffrage universel tant que l'on se méfierait de lui. Les préfets tenaient tous le même langage ;

par exemple, M. C. Bertholon : « Vous compro-
« mettez la République ; vous connaissez nos
« paysans : si on refaisait les élections plébisci-
« taires, les *Oui* seraient encore en majorité. »

Ainsi, il fallait faire un choix ; avec les élections, on courait le risque de compromettre la
République ; sans les élections, on sacrifiait les
droits et les intérêts de la France.

On a préféré ne pas compromettre la République ! !

Que ces gens-là ne prétendent plus au titre de
libéraux, et même, s'ils ne veulent pas qu'on leur
refuse le titre de Français, qu'ils songent à agir
autrement !

— Il ne suffit pas, pour que la liberté existe,
que la nation ait le droit de nommer des députés ;
il faut qu'elle les nomme dans sa pleine indépen-
dance, sans pression ni intimidation. Tout régime
qui méconnaît l'un ou l'autre de ces principes est
un régime despotique. On a vu comment le 4
Septembre a violé le premier ; voyons s'il a mieux
respecté le second.

Un jour vint où, en dépit de M. Gambetta, les
élections s'imposèrent par la nécessité des choses.
Que fit alors le farouche adversaire des anciennes
candidatures officielles ? Il rendit un décret aux
termes duquel tous les serviteurs de l'Empire

étaient exclus comme indignes et déclarés inéligibles. En même temps, par une dérogation à toutes les lois existantes, il autorisait les candidatures des préfets dans les départements mêmes où ils avaient exercé leurs fonctions.

C'était dépasser d'un coup tout ce qui avait jamais été imaginé en fait de candidatures officielles; on ne se bornait pas à recommander, comme autrefois, certains candidats; on défendait aux électeurs de porter leurs voix sur certains autres candidats!

Voilà comment les républicains, après avoir encensé le suffrage universel, l'étranglent un beau matin, s'ils y ont intérêt. A ouïr leurs discours, toute souveraineté réside dans le peuple; mais ils s'entendent bien mieux que nul monarque passé, présent ou futur, à bâillonner et à museler ce peuple souverain. Il serait temps que celui-ci comprît le jeu des courtisans qui l'exploitent, et leur répondît: Un peu moins de souveraineté théorique, s'il vous plaît, et un peu plus de liberté pratique!

Ce que fit le Gouvernement du 4 Septembre dans la question des élections générales, il le fit dans celle des élections départementales. Au fond de chaque préfecture était installé un Gambetta au petit pied qui se passait, non moins facilement que le grand chef, de tout contrôle, de toute surveillance. Un décret avait dissous les Conseils généraux; nombre de préfets ne songeaient à les remplacer en aucune manière. Le pouvoir ne les détournait pas de cette voie: « Il « n'y a nulle urgence », leur disait-on, à former les commissions départementales. D'autres préfets, au contraire, s'entouraient de commissions ; mais, en ce cas, si les apparences étaient mieux sauvegardées, le résultat, au fond, ne laissait pas d'être identique.

En effet, qui nommait les commissions départementales ? Le préfet. Dans quelles formes ? Selon son bon plaisir. Et dans quel esprit ? Conformément aux instructions suivantes; « Vous « méconnaîtriez les intérêts les plus chers si vous « vous borniez à faire de votre commission dé- « partementale un conseil de finances : il faut « qu'on y sente l'esprit républicain. Par consé- « quent, dans les choix que vous allez faire, *con-* « *sultez plutôt les intérêts de la démocratie que vos* « *convenances administratives.* »

C'était clair. Au conservateur lé plus compétent, le plus probe, le plus considéré, il fallait préférer le démocrate. Mais le démocrate était parfaitement inconnu et parfaitement nul ? Petit détail ; sa qualité de républicain lui tenait lieu de toutes les autres qualités. Mais la marche des affaires souffrira de ce choix? Qu'importe, pourvu que le parti y gagne !

Les royalistes, oubliant la forme du gouvernement et ne voyant que l'ennemi du dehors, mouraient pour la France sans songer à la République. Les républicains vivaient pour la République sans plus songer à la France.

S'agissait-il de décréter la guerre à outrance avec le sang d'autrui, ou de prendre sur le papier des résolutions héroïques? Les républicains ne connaissaient pas d'obstacles. C'est ainsi qu'un conseil municipal libellait cette délibération dont les Prussiens ont dû frémir : « Dans le cas où « Paris serait amené à capituler, la ville de Cas- « tres déclare qu'elle ne reconnaît à aucun pou- « voir le droit de la comprendre dans la capitu- « lation ; elle affirme vouloir conserver toute sa « liberté d'action afin de défendre à outrance le « sol de la patrie. » Mais nous avons eu la preuve trop évidente qu'il y a loin de la parole à l'action.

Reprenons le sujet, et, l'histoire en main, demandons-nous encore quels gages les républicains ont donné de leur amour pour la liberté. Certes, s'ils ont jamais préconisé une liberté, c'est bien celle de la presse. Ici encore, ils en veulent tant pour eux-mêmes, qu'il n'en reste plus pour les autres.

Dans le sens républicain, on pouvait tout dire ou tout écrire : « La République est supérieure « au suffrage universel et à la patrie, » portait le programme du Comité du Creuzot. « Quiconque « fera l'éloge d'une monarchie ou du principe « monarchique devra être incarcéré, » portait une résolution du club principal de Toulouse en octobre 1870. Dans une harangue publiée par les journaux, le préfet Duportal s'écriait :

« J'ai été doux et magnanime ; mais, sachez-le, « citoyens, cette manière d'agir n'est bonne que « pendant la guerre contre les Prussiens, parce « qu'il faut que nous soyons tous unis pour la « défense nationale. Après avoir établi la Répu-« blique sur le cadavre du dernier Prussien, « nous établirons l'égalité sur le cadavre du mo-« nopole. *Alors, nous nous occuperons des* JUSTES « REPRÉSAILLES, DES CHATIMENTS MÉRITÉS PAR « TOUS LES SUPPÔTS MONARCHISTES. LES MISÉ-« RABLES ! ils ne comprennent pas que s'il y en « avait quelques-uns dans cette immense multi-« tude, *sur un seul froncement de mon sourcil,* « *vous les verriez rentrer dans la poussière.* »

Le même Duportal disait ailleurs, dans une autre circonstance : « Armez-vous de faux et de fusils

« contre les Prussiens d'Allemagne. Armez-vous
« de défiance, de haine, de colère et de rage
« contre les Royalistes, ces Prussiens de l'in-
« térieur. »

Ces quelques exemples montrent de quelle
aimable liberté jouissaient les écrivains et les
orateurs du parti. Mais les dissidents n'étaient
pas, à beaucoup près, aussi bien partagés. Le
préfet de Marseille suspendait *sans motifs* la *Ga-
zette du Midi*. Celui d'Angers supprimait un journal conservateur, l'*Union de l'Ouest*, sous le pré-
texte que ce journal *avait excité à la guerre civile
et s'était rendu coupable de connivence avec l'ennemi et de trahison envers la patrie en danger*. Bien
entendu, les tribunaux qui furent appelés, par la
suite, à juger ce préfet, firent bonne justice de
ses calomnies diffamatoires.

De telles mesures prises individuellement contre les feuilles qui déplaisaient, n'étaient rien
encore. On vit à Bordeaux M. Gambetta suppri-
mer d'un trait de plume ONZE JOURNAUX, coupa-
bles d'avoir publié un acte officiel, le décret du
Gouvernement de Paris portant, malgré M. Gambetta, convocation des électeurs.

Que les républicains osent parler ensuite de la
liberté de la presse !

La liberté individuelle était-elle mieux sauvegardée? Quelques exemples pris au hasard édifieront le lecteur.

Le maire d'Aubusson avait dit qu'il était « libéral, mais non républicain. » Le préfet, instruit de ce propos tout privé, demande l'autorisation de « *le faire arrêter administrativement.* »

Après la capitulation de Metz, on donne l'ordre de rechercher et d'arrêter le général Boyer, aide de camp de Bazaine. Justement, il y avait à Toulouse un général Boyer. On lui met la main au collet, on le fait partir entre deux gendarmes, et le préfet télégraphie, tout en l'expédiant par *train spécial*: « Je vous préviens seulement que « c'est le général qui commandait à Chartres, et « nullement l'aide de camp de Bazaine. »

Le prince de Joinville, dont le patriotisme s'était ému à la vue des malheurs de la France, n'avait pu résister au désir de payer de sa personne, et s'était enrôlé dans l'armée de Chanzy. C'était un crime, paraît-il. Ordre est donné de l'arrêter. Tous les limiers de la police, le condamné Ranc à leur tête, sont mis en campagne; le prince est cerné, ramené à la frontière. On déployait moins d'activité et d'entrain contre les armées prussiennes!

On arrête le maréchal Vaillant, on arrête

M. Pinard, on arrête à Tarascon un.... cocher de l'Empereur ! C'est la loi des suspects.

On vous emprisonne d'abord, sauf à examiner plus tard s'il existe quelque grief contre vous. On oublie les Prussiens pour étouffer dans leur œuf des conspirations fantastiques. Le préfet de Nantes, M. Guépin, celui qui faisait « *des patrouilles tout seul,* » télégraphiait gravement : « Suis sur traces voiture mystérieuse n'allant « que de nuit. On dit poudre, on dit armes, on « dit conspiration, on dit Henri V. Sous pieds « des chevaux caoutchouc. » Naturellement, des administrateurs à ce point préoccupés de *voitures mystérieuses* n'avaient plus assez de loisirs pour s'enquérir exactement des mouvements prussiens. De là des télégrammes dans le genre de celui-ci : « Prussiens à Dreux ; sont cinq mille ou « cinq cents ; je ne sais pas lequel des deux au « juste. »

La nation privée de représentants, l'opinion publique privée d'organes indépendants, les citoyens privés de toute sécurité et placés à toute heure sous le coup d'un mandat d'amener, voilà ce que la République des vrais républicains nous a donné et nous donnerait encore en fait de liberté !

II

Les républicains et l'armée.

Napoléon Ier, en confisquant la liberté politique de la nation, assurait du moins l'ordre intérieur et l'éclat extérieur; il cherchait ainsi à se faire pardonner ce que son pouvoir avait d'absolu.

Un tel régime n'est pas notre idéal; nous ne voulons de la servitude à aucun prix. Mais enfin, c'était l'ordre dans la servitude.

Quant aux hommes du 4 Septembre, dont nous avons vu les procédés despotiques, ils n'ont su nous procurer que l'*anarchie dans la servitude*.

Qu'ont-ils fait au point de vue de l'armée? Qu'ont-ils fait au point de vue de l'administration?

Sous le rapport militaire, tout d'abord, ils n'ont rien épargné de ce qui pouvait achever notre désorganisation devant l'ennemi. Que telle n'ait pas été leur intention, nous le voulons bien; mais tel a été et tel devait être le résultat de leur ligne de conduite.

Ils en étaient restés à la légende des *volontaires de 92*, ce qui était pour eux le synonyme des levées en masse, des soldats improvisés, enfin et surtout, de la prédominance de l'élément civil sur l'élément militaire.

En vain l'histoire avait-elle fait justice de la légende, en démontrant que les armées de l'époque révolutionnaire furent _redevables de leur force et de leurs succès aux vieilles traditions entretenues par les officiers qui avaient précédemment servi sous la monarchie. — En vain le bon sens disait-il que l'organisation qui avait pu suffire autrefois, ne suffisait plus en présence d'une armée constituée comme l'armée prussienne, et d'engins de guerre perfectionnés comme les engins modernes. Mais ni l'histoire, ni le bon sens, n'avaient de prise sur les préjugés de nos intraitables démocrates.

La subordination du militaire au civil, voilà la devise qui revient sans cesse dans les dépêches préfectorales, et qui n'inspire que trop souvent la conduite de ce gouvernement d'aventure. Ce principe, écrit M. Challemel-Lacour, « *c'est la République même.* » Ce n'était pourtant pas toute la République dans la pensée du fameux préfet ; il convenait d'y ajouter cette autre formule appliquée à nos braves soldats : « *Fusillez-moi tous* « *ces gens-là !* »

De même M. Gambetta écrivait à M. J. Favre :

« Vous avez méconnu la première règle de la tra-
« dition révolutionnaire, qui est de subordonner
« les chefs militaires à la magistrature civile et
« politique. » Mais, à l'exemple des sots dont
parle un poëte, tout républicain trouve un républicain plus avancé que lui qui le dépasse, le sup-
plante et quelquefois le fusille. C'est ainsi que
M. Gambetta rencontre sur son chemin M. Duportal qui, plus intransigeant que lui, propose la
« destitution en masse des officiers de l'armée. »

Hélas! on ne se contentait pas des paroles
creuses que nous citons ici ; les actes répondaient
aux paroles. C'était l'avocat Gambetta, c'était
l'ingénieur Freycinet, c'était le Polonais de Serres,
qui, à Tours ou à Bordeaux, du fond d'un cabi-
net confortable, prétendaient diriger les opérations et envoyaient des ordres aux généraux !
C'est si commode, les pieds sur les chenets, de
rédiger des proclamations foudroyantes, de ma-
nœuvrer des soldats de plomb, de gagner des
victoires sur le papier ! Et pendant ce temps, les
vrais généraux, trompés et démoralisés par ces
ordres souvent contradictoires, souvent absurdes,
presque toujours inexécutables, se voyaient con-
traints d'abandonner la partie. D'Aurelles de Pa-
ladine, privé de toute initiative, est obligé de
résilier son commandement. Bourbaki tente de

se brûler la cervelle. C'est le chaos de toute part, le désarroi et la défaite : voilà les fruits du système !

Chaque préfet dans son département suit l'exemple du dictateur en chef.

Un jeune journaliste, nommé préfet de l'Orne, malgré M. Laurier qui hésitait à lui confier « une petite préfecture, » envoie les instructions suivantes : « Colonel, vous me paraissez perdre « la tête ; la première vertu du soldat est le sang- « froid en face du danger. Occupez très-forte- « ment Montisambert, etc... Dans ces conditions, « colonel, si vous êtes un homme, et si vos hom- « mes ne sont pas des lâches, vous êtes invin- « cible. Dans tous les cas, je vous donne l'ordre « formel de mourir jusqu'au dernier plutôt que « de lâcher pied. » Ne croit-on pas rêver en li- sant un pareil morceau de littérature ?

Ailleurs, M. Challemel-Lacour fait arrêter le général Mazure ; M. Dumarest fait arrêter le général Barral, etc., etc. Un autre appelle les généraux « ces bonshommes, » et l'un d'eux, « ce « vieux gabion farci de jésuitisme. » M. Crémieux écrit que les chefs militaires « n'ont jamais usé « que des coussins hémorroïdals. » M. Cyprien Girerd, préfet de la Nièvre, télégraphie modes- tement : « Si j'avais une batterie, je ferais une

« meilleure besogne que vos généraux…. Je vais
« tâcher de faire avec des fusils de chasse ce que
« ne savent pas faire les chefs d'armée avec des
« canons. »

Qui mettait-on à la place des vrais généraux ?
Au sommet nous avons vu le triumvirat Gambetta, Freycinet, de Serres; n'oublions pas M.
Glais-Bizoin, l'ancien vaudevilliste, qui allait
passer en revue les troupes du camp de Conlie.
Assurément, de toutes les scènes de comédie qu'il
avait jamais imaginées, celle-là était la plus
bouffonne et la plus risible, autant qu'il est permis
de rire de ce qui est funèbre !

Sur le second plan, nous voyons un certain
général Lissagaray, qui la veille rédigeait une
feuille radicale à Auch, et le lendemain s'instal-
lait à Toulouse dans l'hôtel de la Division, se faisait rendre les honneurs dus aux officiers supé-
rieurs, et affectait de voir un subordonné dans
le général de brigade.

A Lyon, on intronise le général civil Alexan-
dre, dont le prestige est d'ailleurs de courte durée :
au bout de quelques jours, il est réconnu « par
faitement incapable. » A Toulouse, c'est le général civil Demay qui « désorganise tout », d'après
l'avis d'un bon juge, le général Lissagaray ci-
dessus mentionné.

A la tête du camp de Conlie se trouve M. de Kératry ; ce qui l'a désigné au choix du gouvernement, c'est beaucoup moins son titre d'ancien officier de marine, que sa qualité de député opposant sous l'Empire. Il est assisté d'un autre député, M. Carré-Kérisouët. Ce qu'ils firent à eux deux, on le sait trop bien dans l'Ouest de la France, où le souvenir du *camp de la destruction* est lié à tant de tristesses et de deuils poignants.

Le capitaine Crémer est nommé d'emblée général : ce n'était pas très-conforme aux règles ; il le sent, et aussi voyez quel souverain mépris il professe pour la discipline ! Un jour, il lui prend fantaisie d'emmener des gendarmes avec lui ; au capitaine de Mâcon, qui lui fait des observations, il répond « *qu'il n'y a plus ni chefs, ni hiérarchie.* »

A côté de lui, paraît le capitaine Crevisier, installé général dans les mêmes conditions. Mais sa fortune dure peu ; après le premier moment d'enthousiasme, on le casse pour avoir « fait manquer les opérations, » et ensuite on l'arrête.

Ces quelques exemples, auxquels il serait facile d'en joindre bien d'autres, ne laissent plus de doutes sur ce que les républicains sont capables de faire en matière militaire. L'armée doit savoir quel sort lui est réservé, si jamais les républicains reviennent au pouvoir ; la France doit savoir ce que lui coûterait la réalisation de cette cruelle hypothèse.

Car ces orgies républicaines ont coûté cher à la France !

De tous côtés le désordre, et à sa suite le découragement, l'impuissance ! « Morandy et Poyte-« vin, écrit le préfet de Loir-et-Cher, ne reçoi-« vent pas d'ordres et ne veulent pas agir de leur « propre initiative ; le blâme donné à d'Aurelles « les en empêche. »

« Ces changements successifs de chefs, écrit le « préfet des Côtes-du-Nord, portent le trouble « et le découragement parmi les officiers et les « hommes, qui ne savent plus à qui obéir. »

C'est, de l'aveu même de M. Gambetta, « *un gaspillage effréné* » de toutes les ressources de la France. De Marseille, dès les premiers jours du nouveau régime, on écrit : « Désordre absolu. La « lie monte. On délivre des fusils par brassées « jusqu'à des filles publiques. » Du camp de la Rochelle le général Détroyat se plaint en ces termes : « Mes trois *meilleurs* bataillons sont dans « un état déplorable. Ils m'arrivent sans rien ou « presque rien. Les mobilisés qu'on *doit conduire* « *après-demain à Angers, n'ont pas encore brûlé* « *une cartouche. Ils n'ont ni souliers, ni capotes,* « *ni manteaux.* »

Les conséquences sont encore plus désastreuses sous le rapport moral que sous le rapport matériel. Comment les soldats que l'on a investis du droit exorbitant d'élire eux-mêmes leurs chefs, accepteraient-ils le joug de la discipline militaire ? Comment la confiance subsisterait-elle à la vue de ces mesures précipitées, incohérentes, sans lien et sans unité ? En bas, toutes les mauvaises passions sont déchaînées par suite de l'impulsion venue d'en haut. Est-il surprenant que les hommes abandonnent des officiers que l'on prend soin de leur représenter comme des traîtres ou des incapables ? Aussi les républicains de Lyon fusillent-ils le commandant républicain Arnaud, et M. Challemel-Lacour écrit-il :

« Nous n'aurons pour nous défendre que 600
« marins et une poignée de républicains des fau-
« bourgs. Je marcherai avec eux, s'ils ne m'égor-
« gent pas avant, intention qu'ils manifestent
« tous les jours. »

III

Les Républicains et la Loi.

Si nous nous plaçons maintenant au point de vue purement administratif, nous avons à nous de mander comment les républicains du 4 Septembre comprenaient la légalité.

La réponse est bien simple : ils ne la comprenaient pas du tout. Quelques faits vont éclairer le lecteur.

Un principe de droit, c'est que les peines ne peuvent être prononcées que par l'autorité judiciaire ; où serait autrement la garantie de l'honneur des citoyens, de leur fortune et de leur vie? Cela n'empêchait pas le préfet Gent, à Marseille, d'édicter de son autorité privée des amendes variant entre 50 et 3,000 fr. par jour.

Un autre principe, c'est que l'État doit tenir ses engagements avec une probité d'autant plus rigoureuse qu'il y va de l'intérêt même de son crédit. Cela n'empêchait pas le préfet de l'Aude de saisir les arrérages des pensions légalement accordées à des veuves d'anciens fonctionnaires.

C'est au législateur seul qu'il appartient de fixer l'âge de l'électorat ; cela n'empêchait pas certain préfet d'autoriser ses mobiles à voter avant l'âge de 21 ans.

Un autre préfet abolissait le timbre pour les journaux de son département; un autre encore exonérait de la nécessité du cautionnement les feuilles qui le soutenaient. Le sous - préfet du Havre faisait mieux : il prétendait dispenser du service militaire les journalistes bien pensants, ce qui signifiait les journalistes amis du sous-préfet.

Dans l'Ardèche, la Banque de France refusait l'escompte à un certain banquier nommé Chapuis, qu'une banqueroute récente vient de remettre en évidence. La Banque en agissant de la sorte, usait de son droit, puisqu'elle connaissait l'état embarrassé des affaires de son client ; bien plus, elle remplissait un devoir, car elle est responsable de l'emploi des fonds qui lui sont confiés. Mais ce Chapuis était « l'âme de la démocratie dans le département. » En conséquence, le préfet télégraphiait au gouvernement : « Pour sauver élections, il « faut sauver Chapuis... Avance de fonds immé- « diate... Agir sur Banque de France d'autorité. »

Dans les Bouches-du-Rhône, M. Esquiros fermait des tribunaux, faisait occuper les couvents et expulsait les religieuses : preuves éclatantes de son respect pour la liberté et pour les lois ! Il cassait des magistrats inamovibles ; et comme le ministre lui faisait doucement remarquer qu'il dépassait les bornes, il répliquait : « Eh bien ! et « Napoléon III ! n'était-il pas inamovible ? Cela « vous a-t-il empêché par hasard de le jeter par « terre ? » Que l'on médite ces deux lignes de M. Esquiros : elles expliquent tous les abus dont l'enquête nous fournit la liste sans fin. Comment un gouvernement dont l'existence même était la première des illégalités, aurait-il pu assurer l'observation des lois ?

On conçoit que des administrateurs aussi impatients du joug de la loi ne devaient pas se plier aisément au joug de la hiérarchie. Les dépêches, sur ce point, sont bien curieuses à consulter.

« Perdu dans ses indécisions, le général Trochu « attend toujours... » Voilà ce que pense et dit du chef du gouvernement le ministre J. Favre. — A son tour, J. Favre est traité de « *misérable* » par M. Challemel pour avoir signé l'armistice de Versailles. M. Gent l'appelle le « *capitulé* de Bis- « marck » et il déclare « qu'il ne lui obéit plus, « qu'il ne le connaît plus... »

Écoutons M. Gambetta parler de ses collègues de Paris : « Paris a été systématiquement amolli, « énervé, découragé par ceux qui le gouver- « naient... » M. Laurier écrit « que Paris est indigne. » Le même M. Laurier juge en ces termes un des membres du gouvernement : « L'amiral « Fourichon est un honnête homme, mais tout à « fait court d'esprit. » Un autre acolyte de Gambetta, M. Steenackers, émet l'opinion qui suit : « Je ferais marcher cela autrement... Il n'y a « autour de moi qu'inertie et inaction. Glais- « Bizoin embarrasse tout par son activité de

« mouche du coche. Anarchie. Pas de direction. »
Le préfet des Landes, M. Maze, trouve que M. de
Kératry est « tout à fait fou. » A Alby, le comité
républicain s'avise de découvrir un réactionnaire
dans le préfet qui vient de lui être envoyé. Que
fait-on ? On va trouver le préfet, on lui intime
l'ordre de partir sur-le-champ, sans quoi « la
« préfecture sera mise à sac par une bande armée
« qui attend à la porte. » Suivant le préfet Boysset,
le préfet Morin « intrigue, selon son habitude ; »
son administration est « inerte ou inepte. » Suivant M. Morin, M. Boysset « est un homme aigri
« et malade, disant des choses monstrueuses de
« déraison. »

Les ministres n'avaient pas le droit de répri-
mander leurs subordonnés : ils s'attiraient des
réponses dans le genre de celle que fit le préfet
Dumarest : « Brigadier, vous avez raison. »

M. Boysset écrit au citoyen ministre : « Vous
« ne daignez pas me répondre, comme si je n'avais
« pas quelques droits à votre déférence ! En
« attendant, nos enfants se font tuer pour la
« patrie si mal défendue et si mal gouvernée. »
— M. Duportal écrit : « Vous me demandez ma
« démission ? Que celui d'entre vous qui a fait un
« jour de prison pour la République vienne la
« prendre ! » — Voici maintenant M. Esquiros :

« Vous acceptez ma démission : merci. Il est
« d'ailleurs bien entendu que je ne me retire pas
« devant l'émeute, mais devant l'insuffisance et
« la lâcheté du gouvernement. » Telle était la
convenance qu'apportaient ces honorables républicains dans leurs relations administratives !

Trop souvent ils semblaient considérer la
France comme un pays conquis, qu'il importait
d'exploiter avec d'autant plus d'empressement
que leur domination devait être de moins longue
durée.

Obtenir de pleins pouvoirs civils et militaires,
voilà quelle était leur ambition à tous. Tous ont
formulé des demandes tendant à ce résultat ; et
quand ils n'obtenaient pas l'autorisation sollici-
tée, ils prenaient sur eux d'y suppléer d'office :
« Me refuser concentration de pouvoirs, écrivait
« l'un d'eux, c'est m'obliger à la prendre. » —
« Révoquez immédiatement M. X..., magistrat,
« ou je serai forcé d'agir moi-même, » écrivait le
préfet des Landes.

Ils déclaraient la guerre à tout pouvoir placé
au-dessus d'eux, voire même à côté d'eux. L'enquête parlementaire abonde en détails sur ces
conflits entre autorités voisines et rivales.

Relevons seulement, parmi ces innombrables
conflits, celui qui subsista durant plusieurs mois

entre les préfets successifs de Marseille et le ministre de la guerre. Les préfets se servaient, comme d'un agent politique, d'un certain sous-intendant nommé Brissy. Afin de le retenir dans le département, ils l'investissaient des fonctions les plus multiples et les plus diverses. Le ministre, au contraire, voulait le faire rentrer dans son corps, et donnait en ce sens les ordres les plus formels. Chacun de ces ordres rencontre l'opposition du préfet; et chaque fois M. Brissy répond au ministre : « Le préfet ayant pleins pouvoirs civils « et militaires, je ne puis faire autrement que de « lui obéir. » Pour vider la difficulté, il fallut transiger : M. Brissy réintégra le corps, mais avec de l'avancement. On avouera que ce n'était pas là un très-bon exemple au point de vue de la discipline !

IV

Le désintéressement civique des républicains.

Qui d'entre nous n'a entendu les républicains flétrir avec une éloquente indignation le *favoritisme* et le *népotisme*? Ce seraient là, s'il fallait les en croire, deux lèpres inhérentes au régime monarchique, deux fléaux dont la République seule pourrait nous débarrasser. Ici encore, hélas ! les actes sont venus démentir les paroles.

Les quelques faits qui suivent ne sont cités qu'à titre d'exemples pour permettre d'apprécier et de juger l'ensemble du système.

« Songez à mon neveu, » écrit dans chacune de ses dépêches le procureur général Thourel. M. Duportal destitue le colonel directeur de l'arsenal de Toulouse pour le remplacer par M. Duportal fils. M. Mollines est nommé conseiller de préfecture ; quels sont ses titres ? Il est fils « d'un *républicain sincère*, inquiété en 1854. » Voilà une recommandation ! Le préfet de Nantes, M. Guépin, nomme sous-préfet d'Ancenis un de ses amis, *professeur au Conservatoire* ; voilà une préparation aux fonctions administratives ! — Nous ne chercherons pas à dresser la liste des bureaux de tabac, des bureaux de poste, etc., etc., sollicités par le moindre sous-préfet en faveur de ses parents, connaissances ou créatures. L'énumération serait trop longue ! La faveur disposait de tout, même des places de *pilote-major*, de *portefaix de manutention* ou de *concierge de maison d'arrêt*.

Jamais les mendiants de fonctions salariées ne furent aussi innombrables ; jamais les quémandeurs ne furent aussi insatiables dans leur ambition, aussi âpres à la curée, aussi suffisants dans leur radicale insuffisance !

Le pharmacien de Lombez demande à devenir sous-préfet de l'endroit. Un membre du gouvernement télégraphie de Paris : « A M. Tissier fils, à Conquet : « Acceptez-vous situation receveur « général Brest *ou* commandement toutes les « gardes nationales Finistère ? » Un M. Brémont écrit à M. Laurier : « Casez-moi ! Il est impos- « sible que vous ne trouviez pas un emploi va- « cant, en partant des sous-préfectures pour « finir par les inspections d'aliénés. »

Au reste, soyons justes pour tous. Ces préten- tions insensées ou ridicules n'avaient rien que de très-naturel, étant donnés les exemples venus de haut. On avait vu des avocats sans causes comme Gambetta ou Ferry, des journalistes de bas étage comme Rochefort, des vaudevillistes sifflés comme Glais-Bizoin, s'installer au gouver- nement. Pourquoi les autres auraient-ils mon- tré plus d'abnégation ? Pourquoi chaque répu- blicain n'aurait-il pas, à son tour, émis la pré- tention de s'installer quelque part, qui dans une préfecture, qui dans une recette particulière, qui dans les meubles d'un général de division ?

L'abnégation des républicains ! Certes il y aurait un chapitre intéressant à écrire sous ce titre. Après avoir montré leur ardeur à se *caser*, comme ils disaient, dans les emplois rétribués sur les fonds du Trésor, nous aurions à montrer ce qu'ils faisaient, une fois casés.

On mangeait et l'on buvait bien chez les parvenus de la Révolution : les notes de fournisseurs que les contribuables ont dû acquitter par la suite, en font foi d'une manière irrécusable.

M. Steenakers télégraphiait à M. Gambetta : « Ici, rien de neuf. On s'embête atrocement de « ne pas vous voir... J'ai été visiter vos apparte- « ments. On y nage dans des flots de pourpre et « d'or. » Et M. Gambetta répondait, toujours au moyen du télégraphe : « Cigares exquis, soyez « gai, de bonne composition. Salut et fraternité.»

Nous pourrions en dire long dans cet ordre d'idées; mais, fidèles au programme que nous nous sommes imposé à la suite des auteurs de l'enquête parlementaire, nous voulons écarter de ce résumé ce qui aurait le caractère de personnalités pures.

———

Il est temps de conclure.

Voilà ce qu'a été, de 1870-71, la République des vrais républicains, prélude et préparation de cette autre République, qui, plus conséquente encore avec les principes, porte dans l'histoire le nom de COMMUNE.

Aujourd'hui, ces mêmes hommes du 4 Septembre, rejetés dans l'opposition, affectent les dehors de la sagesse et de la modération. Leur but est facile à deviner. S'ils se laissaient voir tels qu'ils sont, le parti de l'ordre, qui forme la majorité en France, s'éloignerait d'eux avec dégoût et épouvante.

Nous laisserons-nous tromper par le piége qu'ils nous tendent ? Non ; car ils ont pris soin de nous apprendre eux-mêmes combien leurs promesses méritent peu de crédit. Rappelons-nous ce qu'ils ont fait ; cela est plus sûr que d'écouter ce qu'ils disent.

Ne recommençons pas une expérience qui a été assez complète, trop complète.

Si nous consentions une fois de plus à jouer le rôle de dupes, notre naïveté entraînerait des conséquences d'autant plus funestes, que le Prussien, moins naïf, serait là pour profiter de notre aveuglement. Il saurait, dans cette cruelle hypothèse, nous désigner du doigt à l'Europe consternée et, il répéterait ces mots qui déjà furent prononcés : « Voilà le foyer de l'incendie ; à nous de l'éteindre ! »

TRACTS POLITIQUES

En vente à la librairie FÉCHOZ

RUE DES SAINTS-PÈRES, 5.

———

Chacun son métier.

La Journée d'héroïsme... et d'abnégation.

La Politique des Intérêts.

Le Vote de la déchéance.

Les Responsabilités de l'Empire.

République et Patriotisme.

La Politique de la France.

*Lettre d'un Royaliste de province au Maréchal de
Mac-Mahon.*

*La République est-elle le gouvernement le plus éco-
nomique?*

Le Patriotisme du parti républicain.

La Politique allemande en Espagne.

Le Prince étranger.

———

FEUILLES DE QUATRE PAGES GRAND IN-18

Prix : **1** fr. **50** le cent (**1** fr. **90** *franco*) et **11** fr. le mille

Tours. — Imp. Mazereau.

Prix : 20 centimes

(Le cent : 10 francs)